KB084313

마법의 속담 따라 쓰기 ②

생각디딤돌 창작교실 엮음

생각디딤돌

차례

하루 2장의 기적!
속담 완전 정복 홈스쿨링
읽자마자 속담 왕 되기!

◉ 속담을 가장 빨리 익히는 방법은 소리 내어 읽기입니다.

속담을 소리 내어 읽다 보면 눈과 귀가 동시에 듣고 보는 것이 됩니다. 또한 속담을 읽으면서 그 속에 담긴 뜻, 모양, 모습, 소리 등을 상상할 수 있습니다. 예를 들어 '구르는 돌은 이끼가 안 낀다'라는 속담은 돌 하나가 데굴데굴 굴러가는 모습을 상상하게 됩니다. 그러면서 노력이 얼마나 중요하고 필요한가를 깨닫게 됩니다. '강물도 쓰면 준다'라는 속담에서는 그 많은 강물도 마구 쓰면 줄게 마련인데 제아무리 많은 것을 갖고 있어도 헤프게 쓴다면 곧 바닥이 나고 만다는 절약 정신을 배울 수 있습니다.

◉ 속담의 좋은 점은 일상생활에서 얼마든지 쓸 수 있다는 것입니다.

속담은 마치 편하게 입는 옷처럼 아무 때나 쓰고 사용해도 불편하거나 어색하지 않습니다. 그러니까 속담 공부는 책상에 앉아 조용히 외우고 익히느라 애를 써야 하는 어려운 공부가 아니라는 뜻입니다. 친구와 말을 주고받을 때, 글을 쓸 때 적절하게 사용한다면 훨씬 더 풍성한 대화가 되고 문장이 됩니다. 하나의 속담 인용이 길고 긴 여러 마디의 말보다 훨씬 효과적이고, 하나의 속담 인용이 읽기 지루한 몇 페이지의 글보다 훨씬 전달이 빠를 수 있습니다. 예를 들어 친구가 바닷가에 가서 예쁜 조개를 한 바구니 주워 왔다고 자랑을 한다면 여러분은 뭐라고 하겠어요? "우와, 좋겠다. 그런데 그걸 그냥 놔두면 굴러다니거나 먼지만 쌓일 텐데."라고 하기보다는 "구슬이 서 말이라도 꿰어야 보배라고 했어. 그걸 꿰면 흔한 조개껍데기가 아니라 예쁜 목걸이가 될 거야." 하고 말해 준다면 내가 친구에게 하려고 한 말을 훨씬 더 정확하게 전달할 수 있게 됩니다.

초등학생이 알아야 할
속담 212개 완전히 정복하기!

⊙ 대표적인 속담 212개를 모두 알고 있다면 어디에서나 속담 왕이 될 수 있습니다.

차례의 속담만 제대로 읽어도 기본적으로 알아야 할 속담을 익힐 수 있습니다. 초등 저학년의 눈높이에 맞도록 본래의 뜻을 이해하기 쉽게 설명했습니다. 또한 그 속담을 통해 인성이 쑥쑥 자랄 수 있도록 했습니다. 속담을 이해하면서 예절, 효도, 정직, 책임, 존중, 배려, 소통, 협동 등을 자연스럽게 키울 수 있습니다. 속담 따라 쓰기와 바르게 써보기를 통해 글씨 바르게 쓰기와 띄어쓰기를 동시에 익힐 수 있게 했고, 생활 속의 대화를 읽게 하면서 그 속담의 뜻을 더 정확히 이해하게 했습니다.

⊙ 속담을 통해 우리 조상의 지혜와 교훈을 잘 알 수 있습니다.

속담은 하루아침에 만들어진 것이 아닙니다. 일상생활에서 사용하는 말이 많은 세월을 거치며 갈고 닦이면서 하나의 속담으로 완성되었습니다. 그러니까 돌이나 모래 사이에서 금을 캐내듯이 흔하게 주고받는 말 속에서 속담이 탄생한 것입니다. 곧 속담은 언어의 금입니다. 그런 만큼 속담 속에는 우리 조상의 지혜와 교훈이 고스란히 스며 있습니다. 우리는 대대로 이어온 속담을 읽으며 조상과 내가 하나로 엮여 있다는 것을 느낄 수 있습니다. 또한, 아주 먼 훗날 미래의 친구들도 이 속담을 읽으며 지금의 우리와 그리고 먼 옛날의 조상과 하나라는 것을 깨달을 것입니다.

나라 없는 백성 없다.

본래 뜻 : 사람은 누구에게나 조국이 있음을 이르는 말.

인성이 쑥쑥 : 일제강점기는 우리 역사에서 참으로 슬픈 역사예요. 우리 말과 글도 제대로 쓸 수 없을 만큼 힘든 세월이었으니까요. 하지만 우리 민족은 한마음 한뜻으로 반드시 해방을 하고 말 겠다는 의지를 잃지 않았어요. 나라 없는 슬픔은 이루 말할 수 없이 컸으니까요.

 따라서 써 볼까요?

나	라		없	는		백	성		없	다	.
나	라		없	는		백	성		없	다	.

 아래에 바르게 써 볼까요?

나라 없는 백성 없다.

어떤 경우에 이 속담이 어울릴까요?

"우리 증조할아버지는 독립운동을 하시다 돌아가셨어. 나라 없는 백성 없다는 말씀을 제일 많이 하셨다고 해. 나는 아직 어리지만 증조할아버지의 마음을 잘 알 수 있을 것 같아."

낙숫물이 댓돌을 뚫는다.

본래 뜻 : 작은 힘이라도 꾸준히 계속하면 큰일을 이룰 수 있음을 뜻하는 말.

인성이 쑥쑥 : '낙숫물'은 처마 끝에서 똑똑 떨어지는 물이에요. '댓돌'은 처마 안쪽으로 집을 둘러서 놓는 아주 큰 돌이고요. 처마에서 똑똑 떨어지는 낙숫물이 큰 댓돌을 뚫는 걸 상상해 보세요. 정말 대단하죠. 무슨 일이든 포기하지 않고 끈기 있게 하면 반드시 결과를 얻을 수 있어요.

 따라서 써 볼까요?

낙	숫	물	이		댓	돌	을		뚫	는
다	.									
낙	숫	물	이		댓	돌	을		뚫	는
다	.									

 아래에 바르게 써 볼까요?

낙숫물이 댓돌을 뚫는다.

 **어떤 경우에 이 속담이 어울릴까요?**

"낙숫물이 댓돌을 뚫는다고 했어! 지금은 영어가 어렵지만 포기하지 않고 끝까지 해서 반드시 영어 박사가 되고 말겠어!"

남의 떡이 커 보인다.

본래 뜻 : 자기의 것보다 남의 것이 더 많아 보이거나 좋아 보인다는 것을 이르는 말.

인성이 쑥쑥 : 남이 가진 것이 훨씬 좋아 보이고, 남이 하는 일이 훨씬 쉬워 보일 수도 있어요. 동생 과자가 커 보여서 내 것과 바꿨는데, 원래 내 것이 더 큰 것 같은 생각이 들 때도 있지요? 그런 것처럼 내가 가진 것에 만족할 줄 알면 마음이 편해요.

 따라서 써 볼까요?

남	의		떡	이		커		보	인	다	.
남	의		떡	이		커		보	인	다	.

 아래에 바르게 써 볼까요?

남의 떡이 커 보인다.

어떤 경우에 이 속담이 어울릴까요?

"네 과자가 커 보여서 얼른 바꿨는데, 원래 내 과자가 훨씬 큰 것 같아. 이래서 남의 떡이 커 보인다고 했나 봐. 이젠 욕심 안 부리고 내 것이 제일 크고 맛있다고 생각할 거야."

남의 속에 있는 글도 배운다.

58

본래 뜻 : 남의 머릿속의 글도 배우는데 직접 보고 배우면 못할 것이 없다는 뜻.

인성이 쑥쑥 : 남의 머릿속에 든 글을 배우기란 쉬운 일이 아니에요. 그렇지만 배우겠다는 의지만 있다면 얼마든지 가능해요. 무슨 일이든 포기하지 않고 노력한다면 내가 바라고 원하는 것을 얻을 수 있어요.

 따라서 써 볼까요?

남	의		속	에		있	는		글	도	∨
배	운	다	.								
남	의		속	에		있	는		글	도	∨
배	운	다	.								

 아래에 바르게 써 볼까요?

남의 속에 있는 글도 배운다.

 **어떤 경우에 이 속담이 어울릴까요?**

"나는 축구를 엄청 좋아하는데 실력이 별로 안 좋아. 하지만 축구를 잘하는 너를 따라다니다 보니까 어떻게 하면 축구 실력이 좋아지는지 알겠어. 이래서 남의 속에 있는 글도 배운다고 했나 봐."

9

남의 집 금송아지가 우리 집 송아지만 못하다. ⁵⁹

본래 뜻 : 아무리 작고 보잘것없어도 내가 가진 것이 남의 것보다 더 낫다는 말.

인성이 쑥쑥 : 금으로 만든 송아지라면 엄청 값이 비싸겠죠? 우리 집 송아지는 금송아지에 비하면 값어치가 떨어지고요. 하지만 남의 금송아지를 부러워하면 뭐 해요. 내가 가진 보통 송아지를 열심히 보살피고 키워서 어미 소로 키우는 것이 백 배 이익이죠.

 따라서 써 볼까요?

남	의		집		금	송	아	지	가	
우	리		집		송	아	지	만		못
하	다	.								
남	의		집		금	송	아	지	가	
우	리		집		송	아	지	만		못
하	다	.								

 아래에 바르게 써 볼까요?

남의 집 금송아지가 우리 집 송아지만 못하다.

어떤 경우에 이 속담이 어울릴까요?

"내 주머니에는 돈이 많아. 뭐든 사고 싶은 것이 있으면 다 살 수 있어. 부럽지?"

"남의 집 금송아지가 우리 집 송아지만 못하다고 했어. 네 돈이 많아 봤자 나하고는 상관없어. 내 주머니에 든 천 원이 나한테는 훨씬 소중해."

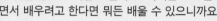

낫 놓고 기역 자도 모른다.

본래 뜻 : 글자를 하나도 모를 정도로 아주 무식하다는 뜻.

인성이 쑥쑥 : '낫'은 벼나 풀 등을 벨 때 사용하는 농기구예요. ㄱ자 모양이에요. 얼마나 무식하면 낫을 놓고 ㄱ자를 모를까요. 하지만 모르는 것을 부끄러워할 필요는 없어요. 끊임없이 노력하면서 배우려고 한다면 뭐든 배울 수 있으니까요.

 따라서 써 볼까요?

낫		놓	고		기	역		자	도	
모	른	다	.							
낫		놓	고		기	역		자	도	
모	른	다	.							

 아래에 바르게 써 볼까요?

낫 놓고 기역 자도 모른다.

 **어떤 경우에 이 속담이 어울릴까요?**

"아빠가 할머니한테 최신식 스마트폰을 사드렸어. 그런데 할머니는 낫 놓고 기역 자도 모른다는 속담처럼 스마트폰 기능을 아무것도 모르셔. 하지만 열심히 배우려고 노력하니까 금방 익히실 거야."

낮말은 새가 듣고, 밤말은 쥐가 듣는다. [61]

본래 뜻 : 아무리 비밀스럽게 한 말도 남의 귀에 들어가기 쉬우니 항상 말조심하라는 뜻.

인성이 쑥쑥 : 새는 낮에 활동하고, 쥐는 밤에 활동해요. 아무리 비밀스럽게 말을 해도 낮에는 새가 듣고, 밤에는 쥐가 듣지요. 어떤 애의 흉을 친구하고 봤는데 그 애가 느닷없이 "너 왜 다른 애들한테 내 흉봤어?" 하고 따질 때가 있죠? 그러니까 항상 말조심해야 해요.

 따라서 써 볼까요?

낮	말	은		새	가		듣	고	,	밤
말	은		쥐	가		듣	는	다	.	
낮	말	은		새	가		듣	고	,	밤
말	은		쥐	가		듣	는	다	.	

 아래에 바르게 써 볼까요?

낮말은 새가 듣고, 밤말은 쥐가 듣는다.

어떤 경우에 이 속담이 어울릴까요?

"네가 애들하고 내 흉을 볼 줄은 꿈에도 몰랐어. 내가 뭘 잘못했다고 흉을 봐?"

"으악! 그걸 어떻게 알았어. 일부러 네 흉을 보려고 한 것은 아니야. 정말 미안해."

"낮말은 새가 듣고, 밤말은 쥐가 듣는다고 했어. 앞으로는 내 흉 절대 보지 마!"

내 물건이 좋아야 값을 받는다. <u>62</u>

본래 뜻 : 자기의 지킬 도리를 먼저 지켜야 남에게 대접을 받는다는 뜻.

인성이 쑥쑥 : 누구든 쓸모없는 물건을 사지 않아요. 물건이 좋으면 사는 사람도 제값을 주고요. 내가 남에게 베풀지 않으면 남도 나에게 베풀려고 하지 않는 것과 같아요. 과자를 나 혼자 다 먹었으면서 친구한테 과자를 달라고 하면 친구가 나눠줄까요?

 따라서 써 볼까요?

내		물	건	이		좋	아	야		값
을		받	는	다	.					
내		물	건	이		좋	아	야		값
을		받	는	다	.					

 아래에 바르게 써 볼까요?

내 물건이 좋아야 값을 받는다.

어떤 경우에 이 속담이 어울릴까요?

"네가 먹고 있는 과자가 엄청 맛있어 보인다. 나눠 먹자."

"싫어! 왜냐하면 어제 너는 나무 뒤에 숨어서 과자 한 봉지를 혼자 먹었잖아. 내 물건이 좋아야 값을 받는다고 했어. 그런 식으로 행동하는 욕심꾸러기한테 내 과자를 나눠줄 생각이 전혀 없어!"

논 끝은 없어도 일한 끝은 있다.

본래 뜻 : 일을 하지 않으면 아무것도 남지 않지만 일을 하면 반드시 그 성과가 남는다는 말.

인성이 쑥쑥 : 제아무리 큰 결심을 했어도 게으름을 피우거나 놀기만 한다면 아무것도 얻을 수가 없어요. 대신 열심히 노력했다면 반드시 노력에 대한 대가를 받을 수 있고요. 공부는 전혀 하지 않고 놀기만 하면서 일등의 꿈을 품는다면 그 꿈이 이뤄질까요?

 따라서 써 볼까요?

논		끝	은		없	어	도		일	한	∨
끝	은		있	다	.						
논		끝	은		없	어	도		일	한	∨
끝	은		있	다	.						

 아래에 바르게 써 볼까요?

논 끝은 없어도 일한 끝은 있다.

 **어떤 경우에 이 속담이 어울릴까요?**

"지난 시험은 거의 꼴찌였어. 공부는 전혀 않고 놀기만 했거든. 논 끝은 없어도 일한 끝은 있다고 했어. 다음 시험은 반드시 일등하고 말겠어. 그러려면 남보다 열 배는 노력해야 해!"

누울 자리 봐 가며 발을 뻗어라.

본래 뜻 : 어떤 일을 할 때 결과가 어떻게 될 것인지를 미리 살피고 일을 시작하라는 말.

인성이 쑥쑥 : 다리를 뻗어야 누울 수 있어요. 누울 자리가 아닌데 다리부터 뻗는다면 눕더라도 금방 일어나야 할 거예요. 학원 가기 싫을 때는 어떻게 하면 좋을까요? 무턱대고 결석을 하는 것이 좋을까요? 아니면 엄마, 선생님께 오늘은 쉬고 싶다고 솔직히 말씀드리는 것이 좋을까요?

 따라서 써 볼까요?

누	울		자	리		봐		가	며	
발	을		뻗	어	라	.				
누	울		자	리		봐		가	며	
발	을		뻗	어	라	.				

 아래에 바르게 써 볼까요?

누울 자리 봐 가며 발을 뻗어라.

어떤 경우에 이 속담이 어울릴까요?

"오늘 우리 학원에 가지 말고 그냥 노는 것이 어때? 나는 정말 가기 싫거든."

"나도 오늘은 쉬고 싶어. 하지만 **누울 자리 봐 가며 발을 뻗으**라고 했어. 우리 부모님한테는 변명이나 거짓말이 절대 안 통해. 차라리 솔직히 말씀드리는 것이 좋아."

누이 좋고 매부 좋다.

본래 뜻 : 어떤 일에 있어 서로에게 모두 이롭고 좋다는 말.

인성이 쑥쑥 : '누이'는 누나, 또는 여동생을 뜻하고, '매부'는 누이의 남편을 뜻해요. 누이 부부 모두에게 좋은 일이니 얼마나 기쁘겠어요? 내가 부모님 심부름을 열심히 해서 동생도 같이 칭찬을 받는 것과 같아요. 칭찬을 받았으니 나도 기분 좋고, 동생도 기분이 좋겠지요?

 따라서 써 볼까요?

| 누 | 이 | | 좋 | 고 | | 매 | 부 | | 좋 | 다 | . |
| 누 | 이 | | 좋 | 고 | | 매 | 부 | | 좋 | 다 | . |

 아래에 바르게 써 볼까요?

누이 좋고 매부 좋다.

어떤 경우에 이 속담이 어울릴까요?

"엄마 심부름으로 슈퍼에 갔다 온 사람은 형인데 나까지 칭찬을 받으니까 기분 좋아."

"이래서 누이 좋고 매부 좋다고 하는 거야. 나도 기분 좋고, 너도 기분 좋고!"

느린 소도 성낼 적이 있다.

본래 뜻 : 아무리 순한 사람도 화가 나면 몹시 무섭다는 뜻.

인성이 쑥쑥 : 대체로 행동이 느린 소는 성질이 좋은 편이지만 정말 화가 나면 무섭게 날뛸 수 있어요. 항상 착하게 구는 친구를 계속 건들면 어떻게 될까요? 그렇게 순한 친구도 몹시 화를 낼 수 있어요. 어쩌면 다른 사람보다 백 배는 더 무섭게 화를 낼지 몰라요.

 따라서 써 볼까요?

느	린		소	도		성	낼		적	이	∨
있	다	.									
느	린		소	도		성	낼		적	이	∨
있	다	.									

 아래에 바르게 써 볼까요?

느린 소도 성낼 적이 있다.

어떤 경우에 이 속담이 어울릴까요?

"나는 항상 너를 정중하게 대했어. 그런데 너는 나한테 함부로 해. 그만큼 나를 무시한다는 뜻이야. 느린 소도 성낼 적이 있다고 했어. 앞으로 한 번만 더 나한테 못되게 굴면 가만두지 않겠어!"

속담 퀴즈 박사 되기

1. 다음 빈칸에 알맞은 속담을 골라 써 볼까요?

1. ☐☐ **없는 백성 없다.** 〈사람은 누구에게나 조국이 있음을 이르는 말〉
① 하늘 ② 바다 ③ 나무 ④ 나라

2. ☐☐☐ **이 댓돌을 뚫는다.** 〈작은 힘이라도 꾸준히 계속하면 큰일을 이룰 수 있음을 뜻하는 말〉
① 가랑잎 ② 부뚜막 ③ 낙숫물 ④ 바닷물

3. 남의 ☐ **이 커 보인다.** 〈자기의 것보다 남의 것이 더 많아 보이거나 좋아 보인다는 것을 이르는 말〉
① 돌 ② 떡 ③ 물 ④ 꽃

4. 남의 속에 있는 ☐ **도 배운다.** 〈남의 머릿속의 글도 배우는데 직접 보고 배우면 못할 것이 없다는 뜻〉
① 글 ② 말 ③ 눈 ④ 귀

5. 남의 집 금송아지가 우리 집 ☐☐☐ **만 못하다.** 〈아무리 작고 보잘것없어도 내가 가진 것이 남의 것보다 더 낫다는〉
① 다람쥐 ② 메뚜기 ③ 망아지 ④ 송아지

6. 낫 놓고 ☐☐ **자도 모른다.** 〈글자를 하나도 모를 정도로 아주 무식하다는 뜻〉
① 니은 ② 디귿 ③ 리을 ④ 기역

7. 내 ☐☐ **이 좋아야 값을 받는다.** 〈자기의 지킬 도리를 먼저 지켜야 남에게 대접을 받는다는 뜻〉
① 동전 ② 물건 ③ 발톱 ④ 손톱

8. 누울 자리 봐 가며 ☐ **을 뻗어라.** 〈어떤 일을 할 때 결과가 어떻게 될 것인지를 미리 살피고 일을 시작하라는 말〉
① 발 ② 손 ③ 몸 ④ 목

9. ☐☐ **좋고 매부 좋다.** 〈어떤 일에 있어 서로에게 모두 이롭고 좋다는 말〉
① 오리 ② 누이 ③ 거미 ④ 개미

10. 느린 ☐ **도 성낼 적이 있다.** 〈아무리 순한 사람도 화가 나면 몹시 무섭다는 뜻〉
① 꽃 ② 벌 ③ 개 ④ 소

정답
1. 나라 2. 낙숫물 3. 떡 4. 글 5. 송아지 6. 기역 7. 물건 8. 발 9. 누이 10. 소

18

2. 다음 글을 읽고 어떤 내용의 속담이 맞는지 써 볼까요?

〈아무리 비밀스럽게 한 말도 남의 귀에 들어가기 쉬우니 항상 말조심하라는 뜻〉

 내가 이불에 오줌 쌌다는 말은 너한테만 했는데 애들이 다 알고 있어.

정말 미안해. 나는 효리한테만 살짝 말을 했는데……

 _____ 고 했어.
앞으로는 내 흉 절대 보지 마!"

항상 말조심해야 한다는 사실을 이번에 깨달았어. 정말 미안해.

3. 아래 단어 중에 세 가지를 골라 속담을 써 볼까요?

낙숫물 / 떡 / 글 /
송아지 / 낫 / 새 / 소

_____

_____

_____

_____

_____

_____

_____

_____

다 된 죽에 코 빠졌다.

본래 뜻 : 거의 다 이루어진 일이 한순간의 실수로 실패하고 만다는 뜻.

인성이 쑥쑥 : 죽을 끓이기란 쉬운 일이 아니에요. 눌러붙지 않게 하려면 약한 불에서 계속 저어 줘야 해요. 오랜 시간 동안 정성 들여 쑨 죽에 코를 빠뜨린다면 정말 속상하겠죠? 축구 경기를 하면서 우리 편이 다 이겼는데 내 실수로 지고 말았을 때처럼요.

 따라서 써 볼까요?

다		된	죽	에		코		빠	졌
다	.								
다		된	죽	에		코		빠	졌
다	.								

 아래에 바르게 써 볼까요?

다 된 죽에 코 빠졌다.

 **어떤 경우에 이 속담이 어울릴까요?**

"정말 미안해. 이번 축구 경기는 내 자살골 때문에 졌어. 다 된 죽에 코 빠졌다더니……."
"괜찮아. 네가 일부러 자살골을 넣은 건 아니잖아. 공을 걷어내려다 실수로 그렇게 된 거야."

다람쥐 쳇바퀴 돌듯

본래 뜻 : 앞으로 나아가지 못하고 제자리걸음만 한다는 뜻.

인성이 쑥쑥 : 다람쥐는 쳇바퀴를 돌리기 시작하면 쉼 없이 계속 돌려요. 시작도 없고 끝도 없는 달리기를 계속해 봤자 힘만 들 뿐 얻는 것이 아무것도 없는데도요. 태권도장에 매일 가지만 열심히 하지 않으니까 조금도 실력이 늘지 않는 것과 같은 경우겠지요?

 따라서 써 볼까요?

다	람	쥐		쳇	바	퀴		돌	듯	
다	람	쥐		쳇	바	퀴		돌	듯	

 아래에 바르게 써 볼까요?

다람쥐 쳇바퀴 돌듯

 **어떤 경우에 이 속담이 어울릴까요?**

"친구들은 벌써 검은 띠에 도전하는데 나만 아직도 흰 띠야. 그동안 나는 **다람쥐 쳇바퀴 돌듯** 도장에 와서 시간만 때우다 돌아갔어. 이제부터는 열심히 해보겠어!"

달도 차면 기운다.

본래 뜻 : 행운이 언제까지나 계속되지 않는다는 뜻.

인성이 쑥쑥 : 달은 초승달이 점점 차올라 둥근 보름달이 되었다가 다시 조금씩 이지러지며 작은 그믐달이 되어요. 둥근 보름달이 차츰 이지러져 그믐달이 되듯, 지금 무슨 일이 잘되고 있더라도 영원히 계속되지는 않아요. 그러니까 잘된다고 우쭐거리지 말아야겠지요?

 따라서 써 볼까요?

달	도		차	면		기	운	다	.	
달	도		차	면		기	운	다	.	

 아래에 바르게 써 볼까요?

달도 차면 기운다.

어떤 경우에 이 속담이 어울릴까요?

"작년에 여자애들한테 초콜릿을 스무 개나 받았는데 올해는 하나도 못 받았어."

"달도 차면 기운다고 했어. 네가 잘난 척을 너무 많이 하니까 여자애들이 싫어하는 거야."

닭 잡아먹고 오리발 내놓기

본래 뜻 : 옳지 못한 일을 저질러 놓고 엉뚱한 수작으로 속여 넘기려 한다는 뜻.

인성이 쑥쑥 : 분명히 닭을 잡아먹고서는 시치미 뚝 떼고 오리발을 내민다면 정말 어이가 없겠지요? 잘못한 적 없다고 잡아떼기보다는 "사실은 내 실수였어." 하고 솔직하게 말한다면 훨씬 믿음직스러운 사람이 될 거예요.

 따라서 써 볼까요?

닭		잡	아	먹	고		오	리	발	
내	놓	기								
닭		잡	아	먹	고		오	리	발	
내	놓	기								

 아래에 바르게 써 볼까요?

닭 잡아먹고 오리발 내놓기

어떤 경우에 이 속담이 어울릴까요?

"내 토스트를 네가 먹었다고 솔직히 말해줘서 고마워. 말 안 했으면 몰랐을 거야."
"나도 처음에는 말 안 하려고 했어. 그런데 닭 잡아먹고 오리발 내놓기는 하기 싫었어."

닭 쫓던 개 지붕 쳐다보듯

본래 뜻 : 애써 하던 일이 실패로 돌아가거나 남보다 뒤떨어져 어찌할 도리가 없는 경우.

인성이 쑥쑥 : 닭과 개가 싸우면 대부분 닭이 일방적으로 당하죠. 하지만 궁지에 몰린 닭도 당하지만은 않아요. 푸드덕 날개를 털며 지붕 위로 도망쳐 버려요. 그러면 개는 지붕만 쳐다볼 뿐이죠. 친구보다 내 힘이 훨씬 세다고 생각했는데 씨름으로 어이없이 졌을 때도 그런 기분이겠지요?

 따라서 써 볼까요?

닭		쫓던		개		지	붕		쳐
다	보	듯							
닭		쫓	던		개		지	붕	쳐
다	보	듯							

 아래에 바르게 써 볼까요?

닭 쫓던 개 지붕 쳐다보듯

어떤 경우에 이 속담이 어울릴까요?

"씨름으로 너를 이기다니! 정말 생각도 못 했어. 나는 한 번도 너를 이긴 적이 없었잖아."

"닭 쫓던 개 지붕 쳐다보듯 한다더니……. 내가 네 실력을 너무 얕보았어."

닭이 천이면 봉이 한 마리 있다. <u>72</u>

본래 뜻 : 사람이 많으면 그중에는 뛰어난 사람도 있다는 뜻.

인성이 쑥쑥 : '봉'은 전반신은 기린, 후반신은 사슴, 목은 뱀, 꼬리는 물고기, 등은 거북, 턱은 제비, 부리는 닭을 닮은 전설 속의 새예요. 닭은 아주 흔하고요. 모두 운동 실력이 전혀 없는데, 한 친구만 뛰어나게 운동 실력이 좋다면 그 친구를 두고 봉이라고 할 수 있겠지요?

 따라서 써 볼까요?

닭	이		천	이	면		봉	이		한	∨
마	리		있	다	.						
닭	이		천	이	면		봉	이		한	∨
마	리		있	다	.						

 아래에 바르게 써 볼까요?

닭이 천이면 봉이 한 마리 있다.

어떤 경우에 이 속담이 어울릴까요?

"우리 중에 농구를 잘하는 애는 한 명도 없는데, 상수는 농구 실력이 정말 대단해."

"닭이 천이면 봉이 한 마리 있다고 하더니 상수가 농구 천재일 줄은 꿈에도 몰랐어."

대문은 넓어야 하고 귓문은 좁아야 한다. ⁷³

본래 뜻 : 남의 말은 들을 때 이로운 말과 해로운 말을 구분할 줄 알아야 한다는 뜻.

인성이 쑥쑥 : 대문은 당연히 넓어야 큰 물건이 들어올 수 있고, 사람도 드나들 수 있어요. 하지만 귓문이 넓으면 들을 소리 안 들을 소리를 못 가릴 수 있어요. 많은 말 중에서 이로운 말만 귀담아 듣는 습관이 무엇보다 중요해요.

 따라서 써 볼까요?

대	문	은		넓	어	야		하	고	
귓	문	은		좁	아	야		한	다	.
대	문	은		넓	어	야		하	고	
귓	문	은		좁	아	야		한	다	.

 아래에 바르게 써 볼까요?

대문은 넓어야 하고 귓문은 좁아야 한다.

 **어떤 경우에 이 속담이 어울릴까요?**

"어제 친구들하고 엄청 많은 말을 주고받았잖아. 너는 무슨 말을 했는지 기억이 나?"

"대문은 넓어야 하고 귓문은 좁아야 한다고 했어. 모두 필요 없는 말들이라 난 귀담아듣지 않았어."

도둑이 제 발 저리다.

본래 뜻 : 지은 죄가 있으면 자연히 마음이 조마조마해진다는 뜻.

인성이 쑥쑥 : 죄를 지으면 누가 뭐라고 안 해도 혼자 조마조마해져요. 물건을 훔친 도둑도 죄가 들통날까 봐 안절부절못하고요. 친구 장난감을 훔쳤다면 도둑질이 들통날까 봐 가슴이 두근거리 겠지요? 그럴 경우에는 솔직하게 털어놓는 것이 가장 좋은 방법이죠.

 따라서 써 볼까요?

도	둑	이		제		발		저	리	다	.
도	둑	이		제		발		저	리	다	.

 아래에 바르게 써 볼까요?

도둑이 제 발 저리다.

 **어떤 경우에 이 속담이 어울릴까요?**

"내 로봇이 사라져서 엄청 속상했는데 네가 가져갔다고 솔직히 말해줘서 고마워."
"도둑이 제 발 저리다고 하더니 너만 보면 가슴이 두근거려서 혼났어. 정말 미안해."

도랑 치고 가재 잡고

본래 뜻 : 한 가지 일에 두 가지의 이득이 생겼다는 뜻.

인성이 쑥쑥 : 도랑이 막혀 있으면 논에 물이 들어갈 수가 없어요. 막힌 도랑을 쳤으니 물이 논에 가득 차고, 도랑 치다 가재도 잡았으니 기분이 좋겠지요. 강아지 목욕을 시켜서 기분이 좋은데 엄마가 고맙다며 용돈을 천 원이나 주셨을 때도 그런 기분이겠지요?

 따라서 써 볼까요?

도	랑		치	고		가	재		잡	고
도	랑		치	고		가	재		잡	고

 아래에 바르게 써 볼까요?

도랑 치고 가재 잡고

 **어떤 경우에 이 속담이 어울릴까요?**

"할 일이 너무 많아서 강아지 목욕을 못 시켰는데 네가 대신해줘서 정말 고마워."

"강아지 목욕시켜서 제 기분도 좋았어요. 근데 용돈까지 받았잖아요. 도랑 치고 가재 잡고!"

도토리 키재기

본래 뜻 : 비슷비슷하여 비교해 볼 필요가 없다는 뜻.

인성이 쑥쑥 : 도토리는 크기가 고만고만해요. 재봤자 별 차이도 없는 도토리들이 키재기를 해본들 무슨 차이가 있겠어요? 그건 동생하고 아빠 엄마 사랑을 누가 더 많이 받는지 따지는 것과 다를 바 없겠지요?

 따라서 써 볼까요?

도	토	리		키	재	기			
도	토	리		키	재	기			

 아래에 바르게 써 볼까요?

도토리 키재기

어떤 경우에 이 속담이 어울릴까요?

"아빠 엄마는 형보다 나를 더 예뻐하셔. 어제도 나한테만 아이스크림 사주셨어."

"아빠 엄마는 나도 예뻐하고 너도 예뻐하셔. 서로 우겨봤자 **도토리 키재기**야."

돌다리도 두들겨 보고 건너라.

본래 뜻 : 확실한 일이라도 다시 한번 확인하고 조심하라는 뜻.

인성이 쑥쑥 : 돌다리는 튼튼해요. 하지만 제아무리 튼튼한 돌다리도 무너지거나 구를 수 있어요.
분명히 알고 있는 문제라고 생각했는데, 막상 시험에서 틀리면 속상하죠? 그러니까 무슨 일이든
행동에 옮기기 전에 먼저 살펴보는 습관을 길러야 해요.

 따라서 써 볼까요?

돌	다	리	도		두	들	겨		보	고	∨
건	너	라	.								
돌	다	리	도		두	들	겨		보	고	∨
건	너	라	.								

 아래에 바르게 써 볼까요?

돌다리도 두들겨 보고 건너라.

 **어떤 경우에 이 속담이 어울릴까요?**

"아, 이건 정말 속상해. 분명히 알고 있는 문제라고 생각했는데 다 틀렸어. 이래서 돌다리도 두들겨
보고 건너라고 했나 봐. 시험 보기 전에 한 번 더 자세히 풀어봤으면 맞았을 텐데!"

되로 주고 말로 받는다.

본래 뜻 : 조금 주고 더 많은 대가를 받는다는 뜻.

인성이 쑥쑥 : '되'와 '말'은 곡식이나 액체의 양, 또는 부피를 재는 단위예요. '한 되'는 2리터 정도 되는 분량이고, '한 되'의 열 배가 '한 말'이지요. 초콜릿 두 개가 있어서 친구에게 하나를 주었는데 이튿날 친구가 초콜릿 10개를 나눠주었다면 정말 기분 좋겠죠?

 따라서 써 볼까요?

되	로		주	고		말	로		받	는
다	.									
되	로		주	고		말	로		받	는
다	.									

 아래에 바르게 써 볼까요?

되로 주고 말로 받는다.

어떤 경우에 이 속담이 어울릴까요?

"와! 나는 어제 너한테 초콜릿 하나만 주었는데 왜 열 개나 주는 거야?"

"초콜릿 스무 개를 절반으로 나눴어. **되로 주고 말로 받는다**고 하잖아. 어제 참 고마웠거든."

될성부른 나무는 떡잎부터 알아본다. [79]

본래 뜻 : 자라서 크게 될 사람은 어릴 때부터 남달리 장래성이 엿보인다는 말.

인성이 쑥쑥 : 같은 씨앗을 뿌렸는데 유난히 싱싱하고 튼튼해 보이는 새싹이 있어요. 그 싹은 나중에 아름드리로 자라 크고 튼튼한 열매를 맺을 거예요. 어려서부터 남다르게 그림 실력이 좋았던 사람이 나중에 훌륭한 화가로 활동하는 것처럼요.

 따라서 써 볼까요?

될	성	부	른		나	무	는		떡	잎
부	터		알	아	본	다	.			
될	성	부	른		나	무	는		떡	잎
부	터		알	아	본	다	.			

 아래에 바르게 써 볼까요?

될성부른 나무는 떡잎부터 알아본다.

 **어떤 경우에 이 속담이 어울릴까요?**

"내 동생은 네 살밖에 안 되었는데 그림 실력이 정말 좋아. 뭐든 쑥쑥 잘 그린다니까."
"될성부른 나무는 떡잎부터 알아본다는데 네 동생은 나중에 훌륭한 화가가 되려나 보다."

드문드문 걸어도 황소걸음이다.

본래 뜻 : 황소걸음처럼 느리더라도 그것이 오히려 믿음직스럽고 알차다는 뜻.

인성이 쑥쑥 : 큰 수소가 '황소'예요. 몸집이 크니까 느릿느릿 걸어요. 옛날에 황소는 그 집의 큰 재산이었어요. 몸집이 큰 황소가 느릿느릿 걷는 모습만 봐도 든든했을 거예요. 마악 걸음마를 시작한 아기가 벽을 붙잡고 느릿느릿 걷는 모습이 든든해 보이는 것처럼요.

 따라서 써 볼까요?

드	문	드	문		걸	어	도		황	소
걸	음	이	다	.						
드	문	드	문		걸	어	도		황	소
걸	음	이	다	.						

 아래에 바르게 써 볼까요?

드문드문 걸어도 황소걸음이다.

 **어떤 경우에 이 속담이 어울릴까요?**

"다른 집 또래 아기들은 벌써 잘 걷는데 왜 우리 아기는 이제야 걸음마를 시작해요?"

"드문드문 걸어도 황소걸음이다잖아. 아직 느리게 걷기는 해도 얼마나 대견한지 몰라."

등잔 밑이 어둡다.

본래 뜻 : 가까이에 있는 것을 도리어 알아보지 못한다는 뜻.

인성이 쑥쑥 : '등잔'은 옛날에 기름을 담아 불을 켜던 도구예요. 불을 켜도 등잔의 그림자 때문에 밑부분이 어두워요. 그러니 등잔 밑으로 떨어뜨린 바늘은 금방 찾을 수가 없지요. 마치 짝꿍이 정말 좋은 아이인 줄 모르고 다른 애들하고만 친하게 지냈던 것처럼요.

 따라서 써 볼까요?

등	잔		밑	이		어	둡	다	.	
등	잔		밑	이		어	둡	다	.	

 아래에 바르게 써 볼까요?

등잔 밑이 어둡다.

어떤 경우에 이 속담이 어울릴까요?

"나는 그동안 네가 그렇게 좋은 아이인 줄 몰랐어. 그래서 다른 애들하고만 친하게 지내고 너하고는 친구 할 생각이 없었어. 이래서 등잔 밑이 어둡다고 하나 봐. 진작 알았다면 훨씬 좋았을 텐데."
"괜찮아. 이제부터 우리 사이좋게 잘 지내자."

땅 짚고 헤엄치기

본래 뜻 : 일이 의심할 여지가 없이 확실하다는 말.

인성이 쑥쑥 : 물속에 들어가서 땅을 짚고 헤엄을 친다면 얼마나 쉽겠어요. 힘들게 헤엄쳐서 앞으로 나아가는 사람보다 열 배는 쉽게 헤엄칠 수 있을 거예요. 구구단을 모두 외웠는데 선생님이 구구단 외우기를 숙제로 내준다면, 그거야말로 땅 짚고 헤엄치기죠?

 따라서 써 볼까요?

땅		짚	고		헤	엄	치	기		
땅		짚	고		헤	엄	치	기		

 아래에 바르게 써 볼까요?

땅 짚고 헤엄치기

어떤 경우에 이 속담이 어울릴까요?

"후유~ 그 많은 구구단을 어떻게 하루 만에 외워. 게임도 못 하고 구구단만 외워야 해."
"아싸! 난 구구단 외우기는 땅 짚고 헤엄치기야. 이미 다 외웠거든. 실컷 놀아야지!"

똥 묻은 개 겨 묻은 개 나무란다. <u>83</u>

본래 뜻 : 자기에게 있는 큰 허물은 생각하지 않고 남의 작은 허물을 비웃는다는 뜻.

인성이 쑥쑥 : 곡식 껍질을 벗겨낸 것을 '겨'라고 해요. 냄새가 나거나 더럽지 않아요. 당연히 똥은 냄새도 나고 더러워요. 그건 공부에 관심이 없으면서 공부 못하는 친구를 흉보는 것과 같아요. 남의 단점을 보기 전에 내 단점은 무엇인지 되돌아보는 것이 먼저이겠지요?

 따라서 써 볼까요?

똥		묻	은		개		겨		묻	은	∨
개		나	무	란	다	.					
똥		묻	은		개		겨		묻	은	∨
개		나	무	란	다	.					

 아래에 바르게 써 볼까요?

똥 묻은 개 겨 묻은 개 나무란다.

 **어떤 경우에 이 속담이 어울릴까요?**

"나도 공부 실력이 별로이면서 똥 묻은 개 겨 묻은 개 나무란다고 네 흉만 봤어. 미안해."
"괜찮아. 우리도 열심히 공부해서 아이들을 앞질러 보자. 서로 힘을 합쳐 공부하면 실력이 쑥쑥 나아질 거야."

뚝배기보다 장맛이 좋다.

본래 뜻 : 겉모양은 보잘 것 없지만 속의 내용은 **훌륭**하다는 뜻.

인성이 쑥쑥 : '뚝배기'는 찌개나 설렁탕 등을 담는 그릇이에요. 붉은 진흙으로 만들어서 볼품이 별로 없어요. 겉모습이 별로이지만 그 안에 찌개나 탕을 담으면 금방 식지 않아서 따뜻하게 먹을 수 있어요. 말이 없고 무뚝뚝하지만 늘 한결같은 친구가 있다면, 그 친구야말로 뚝배기 같은 친구죠.

 따라서 써 볼까요?

뚝	배	기	보	다		장	맛	이		좋
다	.									
뚝	배	기	보	다		장	맛	이		좋
다	.									

 아래에 바르게 써 볼까요?

뚝배기보다 장맛이 좋다.

어떤 경우에 이 속담이 어울릴까요?

"내가 재미있는 말을 할 줄도 모르고 잘 놀 줄도 몰라서 네가 재미없겠다."

"에이, 무슨 말이야. 뚝배기보다 장맛이 좋다고 했어. 너는 겉으로는 무뚝뚝해도 마음은 정말 따뜻해."

속담 퀴즈 박사 되기

1. 다음 빈칸에 알맞은 속담을 골라 써 볼까요?

1. ☐☐☐ **쳇바퀴 돌듯** 〈앞으로 나아가지 못하고 제자리걸음만 한다는 뜻〉
① 다람쥐　② 지렁이　③ 말미잘　④ 원숭이

2. ☐ **잡아먹고 오리발 내놓기** 〈옳지 못한 일을 저질러 놓고 엉뚱한 수작으로 속여 넘기려 한다는 뜻〉
① 꿩　② 닭　③ 매　④ 새

3. ☐☐ **이 제 발 저리다.** 〈지은 죄가 있으면 자연히 마음이 조마조마해진다는 뜻〉
① 사람　② 동생　③ 어른　④ 도둑

4. ☐☐☐ **키재기** 〈비슷비슷하여 비교해 볼 필요가 없다는 뜻〉
① 고라니　② 다람쥐　③ 까마귀　④ 도토리

5. ☐☐☐ **도 두들겨 보고 건너라.** 〈확실한 일이라도 다시 한번 확인하고 조심하라는 뜻〉
① 뜀뛰기　② 줄넘기　③ 돌다리　④ 뱅뱅이

6. 될성부른 나무는 ☐☐ **부터 알아본다.** 〈자라서 크게 될 사람은 어릴 때부터 남달리 장래성이 엿보인다는 말〉
① 뿌리　② 떡잎　③ 열매　④ 가지

7. 드문드문 걸어도 ☐☐ **걸음이다.** 〈황소걸음처럼 느리더라도 그것이 오히려 믿음직스럽고 알차다는 뜻〉
① 오리　② 토끼　③ 염소　④ 황소

8. ☐☐ **밑이 어둡다.** 〈가까이에 있는 것을 도리어 알아보지 못한다는 뜻〉
① 등잔　② 냄비　③ 다리　④ 꽃잎

9. ☐ **짚고 헤엄치기** 〈일이 의심할 여지가 없이 확실하다는 말〉
① 땅　② 물　③ 발　④ 팔

10. ☐ **묻은 개 겨 묻은 개 나무란다.** 〈자기에게 있는 큰 허물은 생각하지 않고 남의 작은 허물을 비웃는다는 뜻〉
① 똥　② 땀　③ 흙　④ 물

2. 다음 글을 읽고 어떤 내용의 속담이 맞는지 써 볼까요?

〈확실한 일이라도 다시 한번 확인하고 조심하라는 뜻〉

 으악! 이 문제는 분명히 알고 있다고 생각했는데, 정말 모르겠어.

알고 있다고 생각해도 한 번 더 훑어보면 정확히 알 수 있어.

 당연히 알고 있다고 생각하니까 그냥 넘어갔지.

그러니까 _____고 하잖아.
다음부터는 실수하지 말자.

3. 아래 단어 중에 세 가지를 골라 속담을 써 볼까요?

다람쥐 / 닭 / 도둑 / 도랑 /
도토리 / 땅 / 똥

_____

_____

_____

_____

_____

_____

_____

_____

_____

마른하늘 날벼락

본래 뜻 : 뜻밖에 당하는 불행한 일이라는 뜻.

인성이 쑥쑥 : 맑은 하늘에서 느닷없이 벼락이 친다면 얼마나 놀라겠어요. 과학적으로 그럴 수 있다지만 멀쩡하게 맑은 날 우르릉 꽝꽝 천둥 치고 번개가 터진다면 안 놀랄 사람은 한 명도 없을 거예요. 어제까지 함께 놀았던 친구가 갑자기 전학을 간다는 말을 들었을 때도 그렇겠죠?

 따라서 써 볼까요?

마	른	하	늘		날	벼	락			
마	른	하	늘		날	벼	락			

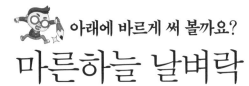 **아래에 바르게 써 볼까요?**

마른하늘 날벼락

어떤 경우에 이 속담이 어울릴까요?

"갑자기 전학을 가야 해. 나도 오늘 알았어. 내일부터는 너를 못 만나겠다."
"무슨 소리야? 어제도 그런 말 없었잖아. 마른하늘 날벼락 같은 소리를 나더러 믿으라고?"

말 한마디로 천 냥 빚도 갚는다.

본래 뜻 : 말만 잘하면 어려운 일도 해결할 수 있다는 뜻.

인성이 쑥쑥 : '천 냥'은 아주 큰돈을 뜻해요. 그 큰돈을 말 한마디로 갚을 수 있다는 것은 정말 놀라운 일이죠. 한마디 말로 큰 빚을 안 갚아도 되는 상황이 된다면 기분이 정말 좋겠죠? 실수로 유리창을 깼지만, 선생님께 솔직하게 말씀드려서 혼나지 않을 때도 그런 기분일 거예요.

 따라서 써 볼까요?

말		한	마	디	로		천		냥	
빚	도		갚	는	다	.				
말		한	마	디	로		천		냥	
빚	도		갚	는	다	.				

 아래에 바르게 써 볼까요?

말 한마디로 천 냥 빚도 갚는다.

 **어떤 경우에 이 속담이 어울릴까요?**

"교실로 큰 벌이 들어와서 친구하고 벌을 내보내려다 실수로 유리창을 깼어요. 앞으로 제가 일주일 동안 청소 당번을 할 테니까 저만 혼내세요."

"말 한마디로 천 냥 빚도 갚는다는 말처럼 네가 그렇게 말하니까 야단을 칠 수가 없구나."

말을 안 하면 귀신도 모른다.

본래 뜻 : 힘들 때 혼자 애태우지 말고 속마음을 말하라는 뜻.

인성이 쑥쑥 : 귀신은 뭔가를 알아내는 능력이 빠르겠지요. 귀신도 말을 안 하면 아무것도 모르는데, 사람은 더 그럴 거예요. 할머니가 정말 많이 보고 싶은데, 말을 안 하면 부모님은 절대 눈치를 못 채요. 그러니까 할 말이 있으면 속 시원하게 말할 줄 알아야 해요.

 따라서 써 볼까요?

말	을		안		하	면		귀	신	도	∨
모	른	다	.								
말	을		안		하	면		귀	신	도	∨
모	른	다	.								

 아래에 바르게 써 볼까요?

말을 안 하면 귀신도 모른다.

 **어떤 경우에 이 속담이 어울릴까요?**

"말을 안 하면 귀신도 모른다고 했어. 할머니가 그렇게 보고 싶으면 말을 했어야지. 밤마다 할머니 보고 싶다고 울고만 있었단 말이야?"

"아빠 엄마가 너무 바쁘니까 말씀드려도 갈 수 없을 것 같아서 말을 안 했어요."

말이 씨가 된다.

본래 뜻 : 늘 말하던 것이 마침내 사실대로 되었을 때를 이르는 말.

인성이 쑥쑥 : 씨앗을 심으면 싹이 나요. 그런 것처럼 내뱉은 말도 싹처럼 돋아 생각 못 한 결과를 가져오기도 해요. 학교에 가기 싫어서 감기에 걸렸으면 좋겠다고 말을 했는데, 진짜 감기에 걸려 오랫동안 끙끙 앓는 것도 그런 경우예요. 항상 말조심해야겠지요?

 따라서 써 볼까요?

말	이		씨	가		된	다	.		
말	이		씨	가		된	다	.		

 아래에 바르게 써 볼까요?

말이 씨가 된다.

 **어떤 경우에 이 속담이 어울릴까요?**

"항상 건강하던 네가 감기에 걸려서 일주일 동안 학교에도 못 오다니. 믿어지지 않아."

"말이 씨가 된다고 하더니, 학교 가기 싫어서 감기 좀 걸렸으면 좋겠다고 말했었거든."

맞은 놈은 펴고 자고, 때린 놈은 오그리고 잔다. ⁸⁹

본래 뜻 : 남에게 해 끼친 사람은 마음이 불안해도 해를 입은 사람은 오히려 마음이 편하다는 말.

인성이 쑥쑥 : 화가 났다고 누군가를 때렸다면 시간이 지날수록 맘이 불편할 수 있어요. 맘이 불편하니까 잠자리가 편하질 않겠죠. 반대로 맞은 사람은 오히려 두 다리 펴고 편히 잘 수 있어요. 맞은 것이 억울할 수 있지만 누군가를 괴롭힌 것은 아니니까 맘은 편하거든요.

 따라서 써 볼까요?

맞	은		놈	은		펴	고		자	고,	∨
때	린		놈	은		오	그	리	고		
잔	다	.									
맞	은		놈	은		펴	고		자	고,	∨
때	린		놈	은		오	그	리	고		
잔	다	.									

 아래에 바르게 써 볼까요?

맞은 놈은 펴고 자고, 때린 놈은 오그리고 잔다.

 **어떤 경우에 이 속담이 어울릴까요?**

"동생이 미워서 장난감을 망가뜨렸는데……. 맞은 놈은 펴고 자고, 때린 놈은 오그리고 잔다고 하더니 동생이 속상해하니까 맘이 안 편해. 솔직히 말하고 사과하는 것이 좋을 것 같아."

매도 먼저 맞는 놈이 낫다. <u>90</u>

본래 뜻 : 이왕 겪을 일이라면 힘들고 괴롭더라도 먼저 치르는 것이 낫다는 뜻.

인성이 쑥쑥 : 매 맞는 걸 좋아할 사람은 없어요. 하지만 매를 맞아야 하는 경우라면 먼저 맞는 것이 낫지 않을까요? 매 맞는 모습을 뒤에서 본다면 더 힘들어지니까요. 예방 주사를 맞을 때도 마찬가지예요. 어차피 맞는 주사니까 먼저 맞으면 기분이 훨씬 홀가분하지요.

 따라서 써 볼까요?

매	도		먼	저		맞	는		놈	이	∨
낫	다	.									
매	도		먼	저		맞	는		놈	이	∨
낫	다	.									

 아래에 바르게 써 볼까요?

매도 먼저 맞는 놈이 낫다.

어떤 경우에 이 속담이 어울릴까요?

"예방 주사 맞기 싫은데……. 나는 맨 나중에 맞을 거야."
"나는 제일 먼저 맞을래. 매도 먼저 맞는 놈이 낫다고 했어. 친구들이 주사 맞는 걸 보고 있으면 더 맞기 싫어질 것 같아."

먼 사촌보다 가까운 이웃이 낫다. 91

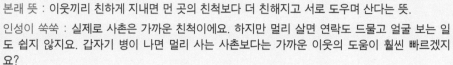

본래 뜻 : 이웃끼리 친하게 지내면 먼 곳의 친척보다 더 친해지고 서로 도우며 산다는 뜻.

인성이 쑥쑥 : 실제로 사촌은 가까운 친척이에요. 하지만 멀리 살면 연락도 드물고 얼굴 보는 일도 쉽지 않지요. 갑자기 병이 나면 멀리 사는 사촌보다는 가까운 이웃의 도움이 훨씬 빠르겠지요?

 따라서 써 볼까요?

먼		사	촌	보	다		가	까	운	
이	웃	이		낫	다	.				
먼		사	촌	보	다		가	까	운	
이	웃	이		낫	다	.				

 아래에 바르게 써 볼까요?

먼 사촌보다 가까운 이웃이 낫다.

 **어떤 경우에 이 속담이 어울릴까요?**

"이번에 제가 갑자기 쓰러졌을 때 빨리 병원에 데려다주셔서 정말 고맙습니다."

"무슨 말씀을요. 먼 사촌보다 가까운 이웃이 낫다는 말이 있잖습니까. 무사하셔서 정말 다행입니다."

모래밭에서 바늘 찾기

92

본래 뜻 : 매우 어려운 일이라는 뜻.

인성이 쑥쑥 : 드넓은 모래밭에서 가느다란 바늘을 찾기란 거의 불가능할 수 있어요. 그만큼 힘들다는 뜻이죠. 뭔가 소중한 것을 잃어버렸다면 찾고 싶다는 생각이 간절할 수밖에 없어요. 하지만 아무리 찾아도 찾을 수 없을 경우에는 포기를 하는 편이 훨씬 좋을 수도 있어요.

 따라서 써 볼까요?

모	래	밭	에	서		바	늘		찾	기
모	래	밭	에	서		바	늘		찾	기

 아래에 바르게 써 볼까요?

모래밭에서 바늘 찾기

어떤 경우에 이 속담이 어울릴까요?

"엄마, 해변에서 머리핀을 잃어버렸어요. 작년에 친구가 생일 선물로 준 핀인데……. 아무리 찾아도 없어요. 엄마도 같이 찾아주세요."

"포기하는 것이 좋겠다. 애써 봤자 모래밭에서 바늘 찾기야. 그 작은 핀을 어떻게 찾겠냐?"

모로 가도 서울만 가면 된다.

93

본래 뜻 : 무슨 수단이나 방법으로라도 목적만 이루면 된다는 뜻.

인성이 쏙쏙 : 옛날에는 교통수단이 안 좋았기 때문에 한양에 한번 다녀가기가 정말 힘들었어요. 몇 달씩 걸어야 간신히 도착할 수 있었으니까요. 더러는 말을 타고 갈 수도 있었겠지만 대부분 걸어서 다녔지요. 그 먼 한양 땅에 닿는 것이 목적이라면 어떤 방법으로든 성공하면 된다는 뜻이죠.

 따라서 써 볼까요?

모	로		가	도		서	울	만		가
면		된	다	.						
모	로		가	도		서	울	만		가
면		된	다	.						

 아래에 바르게 써 볼까요?

모로 가도 서울만 가면 된다.

 **어떤 경우에 이 속담이 어울릴까요?**

"엄마 가게 간다니까 동생이 따라온다 해서 몰래 왔어요. 조금만 힘들면 엎어달라고 떼를 쓰거든요."

"짜잔~ 내가 형아보다 더 빨리 왔지롱! 형이 나 안 데려가면 엄마 가게 못 올 줄 알았어?"

"호호~ 모로 가도 서울만 가면 된다더니, 네 동생이 자전거 타고 더 빨리 도착했다."

모르면 약이오, 아는 게 병

본래 뜻 : 전혀 모르면 차라리 마음이 편하지만 조금 알게 되면 걱정거리만 는다는 말.

인성이 쑥쑥 : 몰랐을 때는 아무렇지 않던 일이 알게 되면서 공연한 걱정거리만 생길 때가 있지요? 컴퓨터 전자파가 몸에 나쁘다는 사실을 알기 전에는 맘 편히 사용했지만, 알고 난 뒤로는 왠지 꺼림칙해지는 것처럼요.

 따라서 써 볼까요?

모	르	면		약	이	오	,		아	는	
게		병									
모	르	면		약	이	오	,		아	는	
게		병									

 아래에 바르게 써 볼까요?

모르면 약이오, 아는 게 병

어떤 경우에 이 속담이 어울릴까요?

"컴퓨터 전자파가 몸에 나쁘다고 하니까 게임을 하면서도 신경이 쓰여."

"그래서 모르면 약이오, 아는 게 병이라고 하는 거야. 몰랐을 때는 맘 편히 사용했지만 이제 알았으니까 컴퓨터를 너무 가까이하지 않는 게 좋겠어."

목마른 사람이 우물 판다.

본래 뜻 : 어떤 일이든 가장 급하고 필요한 사람이 그 일을 서두른다는 뜻.

인성이 쑥쑥 : 사막은 물이 귀해요. 목이 너무 마른데 물이 없을 때는 어떻게 할까요? 제일 목 마른 사람이 물이 있을 것 같은 장소를 찾아내어 모래를 파기 시작할 거예요. 운동 후에 너무 더우면 제일 먼저 수돗가로 달려가 세수를 하는 것도 그렇겠지요?

 따라서 써 볼까요?

목	마	른		사	람	이		우	물
판	다	.							
목	마	른		사	람	이		우	물
판	다	.							

 아래에 바르게 써 볼까요?

목마른 사람이 우물 판다.

 **어떤 경우에 이 속담이 어울릴까요?**

"달리기가 항상 꼴찌인 네가 오늘은 수돗가로 제일 먼저 달려왔네."
"목마른 사람이 우물 판다고 했잖아. 운동하고 나니까 너무 더워서 견딜 수가 없었어."

못된 송아지 엉덩이에 뿔 난다. 96

본래 뜻 : 못된 송아지처럼 보기 싫은 짓만 골라서 하는 사람이라는 뜻.

인성이 쑥쑥 : 송아지 뿔은 태어나 두 달이나 석 달쯤 지나면 조그맣게 나기 시작해요. 송아지는 뿔 돋는 자리가 가려워서 아무 데나 머리를 박거나 공격하려고 해요. 그런데 엉덩이에 뿔이 나면 어떻게 될까요? 엉덩이를 마구 흔들며 가만있질 못하겠지요?

 따라서 써 볼까요?

못	된		송	아	지		엉	덩	이	에	∨
뿔		난	다	.							
못	된		송	아	지		엉	덩	이	에	∨
뿔		난	다	.							

 아래에 바르게 써 볼까요?

못된 송아지 엉덩이에 뿔 난다.

어떤 경우에 이 속담이 어울릴까요?

"너는 안 답답해? 왜 책상에 가만히 앉아 공부만 하는데? 선생님 몰래 뛰어놀면 되잖아."
"못된 송아지 엉덩이에 뿔 난다고 했어. 나는 선생님을 속이면서까지 놀기 싫어."

무소식이 희소식이다.

본래 뜻 : 소식이 없는 것은 무사히 잘 있다는 것이니 기쁜 소식이나 다름없다는 뜻.

인성이 쑥쑥 : 소식이 없는 것을 '무소식'이라고 하고, 기쁜 소식을 '희소식'이라고 해요. 가족 누군가 멀리 떠나 있으면 소식이 궁금하지요. 하지만 아무 일 없으니까 소식이 없을 거예요. 군대 간 형한테서 아무 소식도 없는 것은 잘 있다는 뜻으로 생각하면 되는 것처럼요.

 따라서 써 볼까요?

| 무 | 소 | 식 | 이 | | 희 | 소 | 식 | 이 | 다 | . |

| 무 | 소 | 식 | 이 | | 희 | 소 | 식 | 이 | 다 | . |

 아래에 바르게 써 볼까요?

무소식이 희소식이다.

 **어떤 경우에 이 속담이 어울릴까요?**

"형이 오랫동안 아무 연락도 하지 않으니까 엄청 궁금했어. 얼마나 기다렸다고."
"그랬구나. 무소식이 희소식이다고 하잖아. 잘 있으니까 오히려 연락을 안 하게 되더라고."

무쇠도 갈면 바늘 된다.

본래 뜻 : 꾸준히 노력하면 아무리 어려운 일도 이룰 수 있다는 뜻.

인성이 쑥쑥 : '무쇠'는 단단한 쇠예요. 그런 무쇠로 바늘을 만들려면 엄청난 노력을 해야 할 거예요. 무슨 일이든 꾸준한 노력만 있다면 얼마든지 이룰 수 있어요. 그러니까 어떤 일을 시작했다면 포기하지 말고 끝까지 밀고 나가야겠죠?

 따라서 써 볼까요?

무	쇠	도		갈	면		바	늘		된
다	.									
무	쇠	도		갈	면		바	늘		된
다	.									

 아래에 바르게 써 볼까요?

무쇠도 갈면 바늘 된다.

어떤 경우에 이 속담이 어울릴까요?

"나는 세계적인 축구 선수가 되는 것이 꿈이야! 지금은 비록 실력이 많이 부족하지만 언젠가는 훌륭한 선수가 되고 말겠어. 무쇠도 갈면 바늘 된다고 했어. 포기하지 않고 끝까지 노력한다면 내 꿈은 반드시 이뤄질 거야!"

물에 빠진 사람 지푸라기라도 잡는다. <u>99</u>

본래 뜻 : 위급한 상황에 빠지면 무엇이나 닥치는 대로 붙잡고 늘어진다는 뜻.

인성이 쑥쑥 : 부서진 짚의 부스러기를 '지푸라기'라고 하고, '짚'은 벼의 낱알을 떨어낸 줄기예요. 튼튼하지도 않고 쓸모도 별로 없어요. 하지만 급한 상황이면 지푸라기 같은 것이라도 잡고 싶어져요. 수영장에서 튜브를 놓치고 급한 마음에 모르는 사람의 옷을 붙잡고 늘어지는 것처럼요.

 따라서 써 볼까요?

물	에		빠	진		사	람		지	푸
라	기	라	도		잡	는	다	.		
물	에		빠	진		사	람		지	푸
라	기	라	도		잡	는	다	.		

 아래에 바르게 써 볼까요?

물에 빠진 사람 지푸라기라도 잡는다.

 **어떤 경우에 이 속담이 어울릴까요?**

"깊은 물속에서 그렇게 붙잡고 늘어지면 어떻게 하니? 하마터면 우리 둘 다 위험했잖아."

"죄송해요. 물에 빠진 사람은 지푸라기라도 잡는다고 하잖아요. 수영을 못하는데 튜브를 놓쳤거든요. 이해해 주세요."

물은 건너봐야 알고 사람은 지내보아야 안다. 100

본래 뜻 : 사람은 겉만 보고서는 그 속을 잘 알 수 없으니 실제로 겪어 봐야 안다는 뜻.

인성이 쑥쑥 : 눈으로 보면 별로 안 깊은데 막상 들어가 보면 엄청 깊은 물이 있어요. 사람도 겉으로는 착해 보이지만 겪어 보면 나쁜 사람이 많아요. 친구를 사귈 때 겉모습만 보고 사귀면 안 되겠죠? 진실한 친구를 사귀려면 그 친구를 겪어 봐야 알 수 있으니까요.

 따라서 써 볼까요?

물	은		건	너	봐	야		알	고
사	람	은		지	내	보	아	야		안
다	.								
물	은		건	너	봐	야		알	고
사	람	은		지	내	보	아	야		안
다	.								

 아래에 바르게 써 볼까요?

물은 건너봐야 알고 사람은 지내보아야 안다.

 **어떤 경우에 이 속담이 어울릴까요?**

"네가 처음에 나를 무뚝뚝하게 대했잖아. 내가 별로라서 그런 줄 알았어."

"그건 아니야. 물은 건너봐야 알고 사람은 지내보아야 안다잖아. 나도 네가 좋았지만 네가 어떤 애인지 지켜보고 싶었어."

물은 트는 대로 흐른다.

본래 뜻 : 사람은 가르치는 대로 되고, 일은 잘되도록 애쓴 방법대로 된다는 뜻.

인성이 쑥쑥 : 물은 위에서 아래로 흘러요. 물웅덩이에 고인 물을 흐르게 하려면 어떻게 해야 할까요? 물길을 내주면 물은 아주 쉽게 흐르지요. 그런 것처럼 무슨 일을 하려면 잘되는 방법이 무엇인가를 먼저 생각한 뒤에 행동으로 옮기는 것이 좋아요.

 따라서 써 볼까요?

물	은		트	는		대	로		흐	른
다	.									
물	은		트	는		대	로		흐	른
다	.									

 아래에 바르게 써 볼까요?

물은 트는 대로 흐른다.

 **어떤 경우에 이 속담이 어울릴까요?**

"요즘 네 동생이 말썽도 안 부리고 많이 점잖아졌어. 물은 트는 대로 흐른다더니 네가 말썽도 안 부리고 열심히 공부하는 모습을 보이니까 네 동생도 덩달아 변하는 것 같구나."

물이 깊을수록 소리가 없다.

본래 뜻 : 덕이 높고 생각이 깊은 사람은 떠벌리거나 잘난 척하지 않는다는 뜻.

인성이 쑥쑥 : 공정하면서 남을 넓게 이해하고 받아들일 줄 아는 사람을 '덕이 높은 사람'이라고
해요. 그런 사람은 절대 잘난 척하지 않고 떠벌리지도 않아요. 항상 깊이 생각하고 조용히 행동으
로 옮기지요. 마치 깊이 흐르는 물처럼요.

 따라서 써 볼까요?

물	이		깊	을	수	록		소	리	가	∨
없	다	.									
물	이		깊	을	수	록		소	리	가	∨
없	다	.									

 아래에 바르게 써 볼까요?

물이 깊을수록 소리가 없다.

어떤 경우에 이 속담이 어울릴까요?

"물이 깊을수록 소리가 없다더니 너를 두고 하는 말 같구나. 그동안 혼자 사는 할아버지를 도왔으면
서 말 한마디 없었다니! 정말 대단하다."

"저는 내 힘으로 누군가를 도울 수 있는 것만으로도 오히려 고마웠는걸요."

미꾸라지 한 마리가 온 웅덩이를 흐려 놓는다. ¹⁰³

본래 뜻 : 한 사람의 못된 행동이 그 집단 전체나 여러 사람에게 나쁜 영향을 미친다는 뜻.

인성이 쑥쑥 : 미꾸라지 한 마리가 웅덩이를 마구 헤집고 다닌다면 어떻게 될까요? 웅덩이의 물은 순식간에 흙탕물이 되고 말 거예요. 선생님이 안 계실 때 우리끼리 조용히 책을 보는데, 말썽꾸러기 한 명이 교실을 마구 뛰어다니면 교실이 순식간에 어수선해지는 것처럼요.

 따라서 써 볼까요?

미	꾸	라	지		한		마	리	가
온		웅	덩	이	를		흐	려	놓
는	다	.							
미	꾸	라	지		한		마	리	가
온		웅	덩	이	를		흐	려	놓
는	다	.							

 아래에 바르게 써 볼까요?

미꾸라지 한 마리가 온 웅덩이를 흐려 놓는다.

 **어떤 경우에 이 속담이 어울릴까요?**

"선생님 안 계시는데 교실에서 축구하고 노는 것이 어때? 책 읽는 것보다 재밌잖아."

"미꾸라지 한 마리가 온 웅덩이를 흐려 놓는다는 속담이 무슨 뜻인지 알겠어. 너 하나 때문에 애들이 집중해서 책을 못 읽잖아!"

미운 아이 떡 하나 더 준다.

본래 뜻 : 미울수록 더 정답게 대해야 미워하는 마음이 사라진다는 뜻.

인성이 쑥쑥 : 누군가 미운 짓만 하면 잔소리를 하거나 구박을 하게 되죠. 그러면 당하는 사람은 더 퉁명스럽게 화를 내고요. 사이만 더 나빠질 수밖에 없어요. 친구가 나를 괴롭히면 덩달아 화를 내기보다는 "우리 사이좋게 지내자." 하고 먼저 손을 내미는 것은 어떨까요?

 따라서 써 볼까요?

미	운		아	이		떡		하	나	
더		준	다	.						
미	운		아	이		떡		하	나	
더		준	다	.						

 아래에 바르게 써 볼까요?

미운 아이 떡 하나 더 준다.

어떤 경우에 이 속담이 어울릴까요?

"너한테 고맙게 생각해. 계속 너를 괴롭히는데도 네가 먼저 친하게 지내자고 했잖아. 미운 아이 떡 하나 더 준다는 말이 무슨 말인지 알겠어. 네가 화를 내지 않고 오히려 친절하게 나오니까 나도 변하게 됐어."

믿는 도끼에 발등 찍힌다.

본래 뜻 : 믿고 있던 것에 탈이 생기거나 해를 입음을 이르는 말.

인성이 쑥쑥 : '도끼'는 나무를 찍거나 쪼갤 때 쓰는 연장이에요. 도끼를 믿고 나무를 쪼개는데 그 도끼가 발등으로 떨어지면 얼마나 아프겠어요. 그런 것처럼 가장 믿었던 친구가 내 비밀을 다른 애들한테 말해버렸다면 마음이 엄청 아프겠지요?

 따라서 써 볼까요?

믿	는		도	끼	에		발	등		찍
힌	다	.								
믿	는		도	끼	에		발	등		찍
힌	다	.								

 아래에 바르게 써 볼까요?

믿는 도끼에 발등 찍힌다.

어떤 경우에 이 속담이 어울릴까요?

"내가 이불에 오줌 쌌다는 말을 너한테만 했는데 어떻게 다른 애들이 다 알고 있어? 믿는 도끼에 발등 찍힌다고 하더니 네가 내 흉을 떠들고 다닐 줄은 꿈에도 몰랐어."

"정말 미안해. 효리한테 실수로 말하고 말았어. 모두 내 잘못이야."

밑 빠진 항아리에 물 붓기

본래 뜻 : 아무리 애를 써도 보람이 없다는 뜻.

인성이 쑥쑥 : 밑 빠진 항아리에 아무리 물을 부어도 채워지지 않지요. 씀씀이가 헤프면 돈을 못 모으는 것처럼요. 용돈을 받아도 쓸 곳이 많으면 늘 부족할 수밖에 없어요. 밑 빠진 항아리를 어 떻게든 막는다면 물을 채울 수 있듯, 씀씀이를 줄이면 저축도 할 수 있겠지요?

 따라서 써 볼까요?

밑		빠	진		항	아	리	에		물	∨
붓	기										
밑		빠	진		항	아	리	에		물	∨
붓	기										

 아래에 바르게 써 볼까요?

밑 빠진 항아리에 물 붓기

어떤 경우에 이 속담이 어울릴까요?

"그동안 받은 용돈을 아껴 써서 저축을 했더니 통장에 돈이 많이 쌓였어."

"너랑 나는 용돈을 똑같이 받는데 나는 저축을 못 했어. 난 밑 빠진 항아리에 물 붓기야. 돈이 생기면 먼저 써버렸거든. 앞으로는 꼭 쓸 데만 쓰고 저축할 거야!"

속담 퀴즈 박사 되기

1. 다음 빈칸에 알맞은 속담을 골라 써 볼까요?

1. 마른하늘 ☐☐☐ 〈뜻밖에 당하는 불행한 일이라는 뜻〉

① 날벼락 ② 지렁이 ③ 호랑이 ④ 코끼리

2. 말 한마디로 천 냥 ☐ **도 갚는다.** 〈말만 잘하면 어려운 일도 해결할 수 있다는 뜻〉

① 매 ② 빚 ③ 화 ④ 손

3. 말을 안 하면 ☐☐ **도 모른다.** 〈힘들 때 혼자 애태우지 말고 속마음을 말하라는 뜻〉

① 사람 ② 귀신 ③ 도둑 ④ 어른

4. 말이 ☐ **가 된다.** 〈늘 말하던 것이 마침내 사실대로 되었을 때를 이르는 말〉

① 소 ② 매 ③ 씨 ④ 코

5. 먼 사촌보다 가까운 ☐☐ **이 낫다.** 〈이웃끼리 친하게 지내면 먼 곳의 친척보다 더 친해지고 서로 도우며 산다는 뜻〉

① 햇볕 ② 동물 ③ 사슴 ④ 이웃

6. 목마른 사람이 ☐☐ **판다.** 〈어떤 일이든 가장 급하고 필요한 사람이 그 일을 서두른다는 뜻〉

① 우물 ② 모래 ③ 마당 ④ 담장

7. 무쇠도 갈면 ☐☐ **된다.** 〈꾸준히 노력하면 아무리 어려운 일도 이룰 수 있다는 뜻〉

① 바늘 ② 가위 ③ 집게 ④ 수저

8. 물에 빠진 사람 ☐☐☐☐ **라도 잡는다.** 〈위급한 상황에 빠지면 무엇이나 닥치는 대로 붙잡고 늘어진다는 뜻〉

① 지푸라기 ② 사슴벌레 ③ 집게벌레 ④ 소금쟁이

9. ☐☐☐☐ **한 마리가 온 웅덩이를 흐려 놓는다.**

〈한 사람의 못된 행동이 그 집단 전체나 여러 사람에게 나쁜 영향을 미친다는 뜻〉

① 불가사리 ② 가마우지 ③ 개미핥기 ④ 미꾸라지

10. 믿는 ☐☐ **에 발등 찍힌다.** 〈믿고 있던 것에 탈이 생기거나 해를 입음을 이르는 말〉

① 과일 ② 그릇 ③ 모자 ④ 도끼

2. 다음 글을 읽고 어떤 내용의 속담이 맞는지 써 볼까요?

〈미울수록 더 정답게 대해야 미워하는 마음이 사라진다는 뜻〉

 나는 네가 참 고마워. 너를 많이 괴롭혔는데도 나한테 잘해줬잖아.

나는 네가 밉지 않았어. 오히려 잘 지내고 싶었어.

 넌 내가 많이 미웠을 텐데_____는 말처럼
더 잘해줬어.

네가 내 맘을 알아줘서 내가 더 고마워.

3. 아래 단어 중에 세 가지를 골라 속담을 써 볼까요?

**귀신 / 매 / 이웃 / 우물 /
무쇠 / 미꾸라지 / 항아리**

_____

_____

_____

_____

_____

_____

_____

_____

_____

생각디딤돌 창작교실 엮음

생각디딤돌 창작교실은 소설가, 동화작가, 시인, 수필가, 역사학자, 교수, 교사 들이 참여하는 창작 공간입니다.
주로 국내 창작 위주의 책을 기획하며 우리나라 어린이들이 낯선 외국의 정서를 익히기에 앞서
우리 고유의 정서를 먼저 배우고 익히기를 소원하는 작가들의 모임입니다.
『마법의 맞춤법 띄어쓰기(전8권)』『마법의 사자소학 따라 쓰기(전2권)』 등을 펴냈습니다.

마법의 속담 따라 쓰기 ②

초판 1쇄 발행 / 2022년 6월 15일
초판 1쇄 인쇄 / 2022년 6월 20일

엮은이 ── 생각디딤돌 창작교실
펴낸이 ── 이영애
펴낸곳 ── 도서출판 생각디딤돌

　　　　출판등록 2009년 3월 23일 제135-95-11702

　　　　전화번호 070-7690-2292　팩스 02-6280-2292

ISBN　978-89-93930-69-6(64710)

　　　　978-89-93930-67-2(세트)

ⓒ생각디딤돌